AF175904

Impressum
Verlag: BABADADA GmbH, Nedderfeld 112 , 22529 Hamburg
Geschäftsführer / Verlagsleitung: Harald Hof
Druck: Books on Demand GmbH, In de Tarpen 42, 22848 Norderstedt

Imprint
Publisher: BABADADA GmbH, Nedderfeld 112 , 22529 Hamburg, Germany
Managing Director / Publishing direction: Harald Hof
Print: Books on Demand GmbH, In de Tarpen 42, 22848 Norderstedt, Germany

# مدرسه

# sekolah

کلاس درس
bilik darjah
تقسیم کردن
bahagi
186/2
تخته
papan
laman/taman sekolah
معلم
guru
کاغذ
kertas
نوشتن
tulis
خودکار
pen
میز تحریر
meja
خط کش
pembaris
کتاب
buku
دانش آموز
murid

کیف مدرسه

beg galas

جامدادی

kotak pensel

مداد

pensel

تراش

pengasah pensel

پاک کن

pemadam

دفتر رسم

kertas lukisan

طراحی

melukis

قلم مو

berus lukis

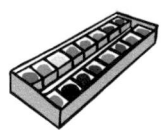

جعبه ی آبرنگ

kotak warna

قیچی

gunting

چسب

gam

كتاب تمرین

buku latihan

تكليف خانه

kerja rumah

رقم

nombor

جمع كردن

tambah

تفریق كردن

tolak

ضرب كردن

darab

محاسبه كردن

kira

حرف الفبا

huruf

الفبا

abjad

كلمه

kata

متن
.............
teks

خواندن
.............
baca

گچ
.............
kapur

درس
.............
pelajaran

ثبت نام
.............
daftar

امتحان
.............
peperiksaan

مدرک رسمی
.............
sijil

لباس مدرسه
.............
uniform sekolah

تحصیلات
.............
pendidikan

دانشنامه
.............
ensiklopedia

دانشگاه
.............
universiti

میکروسکوپ
.............
mikroskop

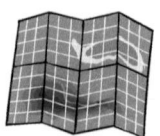

نقشه
.............
peta

سبد کاغذ باطله
.............
bakul sampah

هتل
hotel
مسافرخانه
asrama
صرافی
pejabat tukaran mata wang
چمدان
beg pakaian
اتومبیل
kereta

زبان
..................
bahasa

بله / خیر
..................
ya / tidak

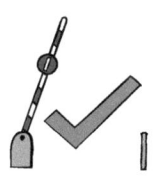

أکی
..................
okey

سلام
..................
helo

مترجم
..................
penterjemah

ممنون
..................
Terima kasih

قیمت ... چه قدر است؟

berapa banyak...?

من متوجه نمی شوم

saya tidak faham

مشکل

masalah

عصر بخیر! / شب بخیر!

Selamat petang!

صبح بخیر!

Selamat Pagi!

شب بخیر!

Selamat Malam!

خداﻧﮕﻬﺪار

selamat tinggal

جهت

arah

بار سفر

bagasi

کیف

beg

کوله پشتی

beg galas

مهمان

tetamu

اتاق

bilik tidur

کیسه خواب

beg tidur

خیمه

khemah

مرکز راهنمای گردشگران

maklumat pelancong

ساحل

pantai

کارت اعتباری

kad kredit

صبحانه

sarapan

نهار

makan tengah hari

شام

makan malam

بلیط

tiket

آسانسور

lif

مهر

setem

مرز

sempadan

گمرک

kastam

سفارتخانه

kedutaan

ویزا

visa

گذرنامه

pasport

# حمل و نقل

## pengangkutan

هواپیما
kapal terbang
کشتی
kapal
ماشین آتش نشانی
kereta bomba
اتوبوس
bas
کامیون
trak
قایق موتوری
motobot
دوچرخه
basikal
اتومبیل
kereta

کشتی مسافربری
feri

قایق
bot

موتورسیکلت
motosikal

ماشین پلیس
kereta polis

ماشین مسابقه
kereta lumba

ماشین کرایه ای
kereta sewa

به اشتراک گذاری اتوموبیل

berkongsi kereta

جرثقیل

trak tunda

ماشین حمل زباله

trak menolak

موتور

motor

بنزین

bahan api

پمپ بنزین

stesen minyak

تابلو راهنمایی و رانندگی

tanda trafik

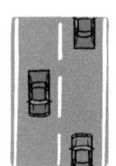

عبور و مرور

trafik

ترافیک

kesesakan lalu lintas

پارکینگ

tempat parkir

ایستگاه قطار

stesen kereta api

ریل راه آهن

trek

قطار

kereta api

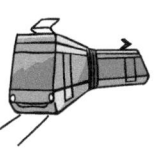

قطار برقی

trem

واگن

gerabak

هليكوپتر

helikopter

فرودگاه

lapangan terbang

برج

Menara

مسافر

penumpang

كانتينر

bekas

كارتن

kadbod

گاری

kart

سبد

bakul

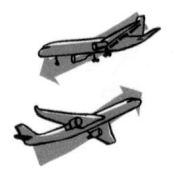

به پرواز درآمدن / فرود آمدن

berlepas / mendarat

---

## شهر

# bandar

دهكده

kampung

مركز شهر

pusat bandar

خانه

rumah

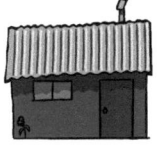

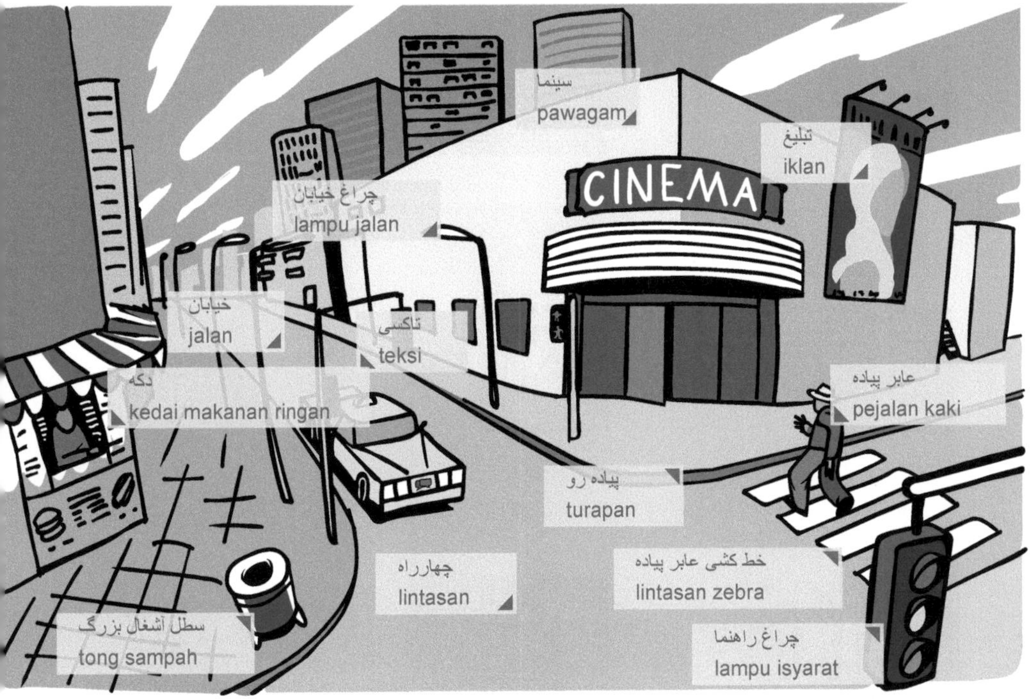
سینما
pawagam
CINEMA
تبلیغ
iklan
چراغ خیابان
lampu jalan
خیابان
jalan
تاکسی
teksi
دکه
kedai makanan ringan
عابر پیاده
pejalan kaki
پیاده رو
turapan
چهارراه
lintasan
خط کشی عابر پیاده
lintasan zebra
سطل آشغال بزرگ
tong sampah
چراغ راهنما
lampu isyarat

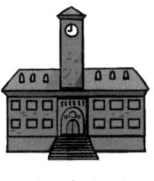

کلبه

pondok

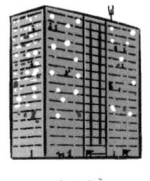

آپارتمان

flat

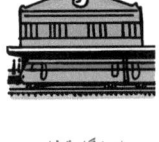

ایستگاه قطار

stesen kereta api

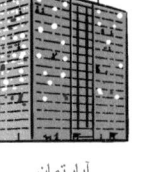

ساختمان شهرداری

dewan bandar

MUSEUM

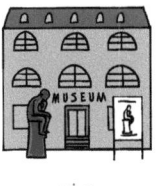

موزه

muzium

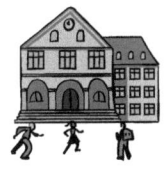

مدرسه

sekolah

دانشگاه

universiti

بانک

bank

بیمارستان

hospital

هتل

hotel

داروخانه

farmasi

اداره

pejabat

کتابفروشی

kedai buku

مغازه

kedai

گل فروشی

kedai bunga

سوپرمارکت

pasar raya

بازار

pasaran

فروشگاه بزرگ

gedung

ماهی فروش

penjual ikan

مرکز خرید

pusat membeli-belah

بندر

pelabuhan

پارک
................
taman

نیمکت
................
bangku

پل
................
jambatan

پله
................
tangga

مترو
................
bawah tanah

تونل
................
terowong

ایستگاه اتوبوس
................
hentian bas

میخانه
................
bar

رستوران
................
restoran

صندوق پست
................
peti surat

تابلوی خیابان
................
papan tanda jalan

دستگاه پارکومتر
................
meter parkir

باغ وحش
................
zoo

استخر شنای عمومی
................
kolam renang

مسجد
................
masjid

مزرعه

ladang

آلودگی محیط زیست

pencemaran

قبرستان

tanah perkuburan

کلیسا

gereja

زمین بازی

taman permainan

معبد

kuil

# چشم انداز

# landskap

برگ
daun
تابلوی راهنمای مسیر
tiang tanda
راه
jalan
چمنزار
padang rumput
سنگ
batu
راه نورد
pejalan kaki
درخت
pokok
رودخانه
sungai
چمن
rumput
گل
bunga

دره

lembah

تپه

bukit

دریاچه

tasik

جنگل

hutan

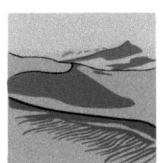

بیابان

padang pasir

کوه آتشفشان

gunung berapi

قلعه

istana

رنگین کمان

pelangi

قارچ

cendawan

درخت نخل

pokok kelapa sawit

پشه

nyamuk

مگس

terbang

مورچه

semut

زنبور

lebah

عنکبوت

labah-labah

سوسک

kumbang

قورباغه

katak

سنجاب

tupai

جوجه تیغی

landak

خرگوش صحرایی

arnab

جغد

burung hantu

پرنده

burung

قو

angsa

گراز

babi jantan

گوزن نر

rusa

گوزن شمالی

moose

سد آب

empangan

توربین بادی

turbin angin

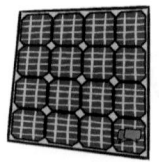

صفحه ی خورشیدی

panel solar

آب و هوا

iklim

# رستوران
# restoran

pelayan
منوی غذا
menu
صندلی
kerusi
سوپ
sup
پیتزا
piza
سرویس کارد و قاشق و چنگال
kutleri
رومیزی
alas meja

پیش‌غذا

pemula

غذای اصلی

hidangan utama

دسر

pencuci mulut

نوشیدنی ها

minuman

غذا

makanan

بطری

botol

فست فود

..................

makanan segera

اغذیه خیابانی

..................

makanan jalanan

قوری

..................

teko

قندان

..................

mangkuk gula

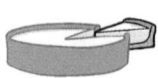

پُرس غذا

..................

bahagian

دستگاه اسپرسو

..................

mesin espreso

صندلی پایه بلند غذاخوری بچه

..................

kerusi tinggi

صورتحساب

..................

bil

سینی

..................

dulang

چاقو

..................

pisau

چنگال

..................

garfu

قاشق

..................

sudu

قاشق چایخوری

..................

sudu teh

دستمال سفره

..................

serviette

لیوان

..................

gelas

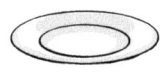

بشقاب
..................
pinggan

بشقاب سوپخوری
..................
mangkuk sup

نعلبکی
..................
piring

سس
..................
sos

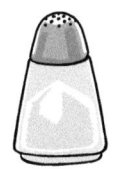

نمکدان
..................
tempat garam

فلفل ساب
..................
pengisar lada

سرکه
..................
cuka

روغن خوراکی
..................
minyak

ادویه جات
..................
rempah

سس کچاپ
..................
sos

سس خردل
..................
mustard

سس مایونز
..................
mayones

# سوپرمارکت

# pasar raya

پیشنهاد ویژه
tawaran istimewa
مشتری
pelanggan
لبنیات
tenusu
میوه جات
buah-buahan
چرخ دستی خرید
troli

قصابی

tukang daging

نانوایی

kedai roti

وزن کردن

berat

سبزیجات

sayur-sayuran

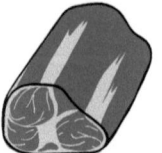

گوشت

daging

غذای منجمد

makanan sejuk beku

مخلوطی از انواع کالباس یا پنیر که
ورقه ای بریده شده باشند
..................
daging sejuk

غذای کنسروی
..................
makanan dalam tin

پودر لباسشویی
..................
serbuk pencuci

شیرینی جات
..................
gula-gula

لوازم خانگی
..................
produk isi rumah

ماده شوینده و پاک کننده
..................
produk pembersihan

فروشنده
..................
orang jualan

صندوق پرداخت
..................
daftar tunai

صندوقدار
..................
juruwang

لیست خرید
..................
senarai membeli-belah

ساعات کار
..................
waktu pembukaan

کیف پول
..................
beg duit

کارت اعتباری
..................
kad kredit

کیف
..................
beg

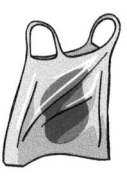

کیسه ی پلاستیکی
..................
beg plastik

# نوشیدنی ها

# minuman

آب

................

air

آبمیوه

................

jus

شیر

................

susu

نوشابه کوکاکولا

................

kola

شراب

................

wain

آبجو

................

bir

الکل

................

alkohol

کاکائو

................

koko

چای

................

the

قهوه

................

kopi

قهوه اسپرسو

................

espreso

کاپوچینو

................

kapucino

# makanan

موز

pisang

سیب

epal

پرتقال

oren

انواع هندوانه و خربزه

tembikai

لیمو

lemon

هویج

lobak merah

سیر

bawang putih

نی بامبو

buluh

پیاز

bawang

قارچ

cendawan

آجیل

kacang

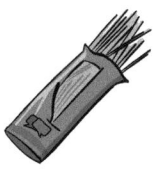

ماکارونی

mi

اسپاگتی

spageti

برنج

nasi

سالاد

salad

سیب زمینی سرخ کرده

kerepek

سیب زمینی سرخ شده

kentang goreng

پیتزا

piza

همبرگر

hamburger

ساندویچ

sandwic

شنیتسل

kutlet

ژامبون خوک

ham

سالامی

salami

سوسیس

sosej

مرغ

ayam

نوعی گوشت سرخ شده

panggang

ماهی

ikan

جوی پرک شده
.................
bubur oat

نوعی صبحانه مخلوطی از برگه ذرت و
میوه های خشک شده و خشکبار که
معمولا با شیر خورده می شود
muesli

کورن‌فلکس
.................
emping jagung

آرد
.................
tepung

کرواسان
.................
kroisan

نان بروتشن
.................
roti roll

نان
.................
roti

نان تست
.................
roti bakar

بیسکویت
.................
biskut

کره
.................
mentega

کشک
.................
dadih

کیک
.................
kek

تخم مرغ
.................
telur

تخم مرغ نیمرو
.................
telur goreng

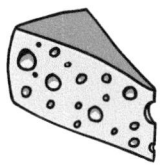

پنیر
.................
keju

بستنی

ais krim

شکر

gula

عسل

madu

مربا

jem

کرم شکلاتی بادامی

krim nougat

ادویه کاری

kari

# مزرعه
# ladang

خانه ی مزرعه داران
rumah ladang
خرمن گاه
bandela jerami
انبار غله
bangsal
مزرعه
bidang
اسب
kuda
ماشین یدک کش
treler
کره اسب
anak kuda
تراکتور
traktor
خر
keldai
گوسفند
biri-biri
بره
kambing

بز
kambing

گاو ماده
lembu

گوساله
anak lembu

خوک
babi

بچه خوک
anak babi

گاو نر
lembu

غاز
................
angsa

اردک
................
itik

جوجه
................
anak ayam

مرغ
................
ayam betina

خروس
................
ayam jantan muda

موش صحرایی
................
tikus

گربه
................
kucing

موش
................
tikus

گاو نر اخته
................
lembu jantan

سگ
................
anjing

لانه ی سگ
................
rumah anjing

شلنگ باغبانی
................
hos taman

آبپاش
................
bekas siraman

داس دسته بلند
................
sabit

گاوآهن
................
bajak

داس
..................
sabit

کج بیل
..................
cangkul

چنگک باغبانی
..................
serampang peladang

تبر
..................
kapak

فرقون
..................
kereta sorong

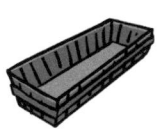

آبشخور
..................
palung

بطری نگهداری شیر
..................
tın susu

کیسه
..................
karung

حصار
..................
pagar

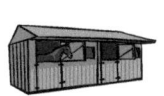

اصطبل
..................
stabil

گلخانه
..................
rumah hijau

خاک
..................
tanah

بذر
..................
benih

کود
..................
baja

ماشین کمباین
..................
jentuai

برداشت کردن محصول

tuai

محصول

menuai

تمیس

keladi

گندم

gandum

سویا

soya

سیب زمینی

kentang

ذرت

jagung

کلزا

biji sawi

درخت میوه

pokok buah-buahan

گیاه مانیوک

ubi kayu

غلات

bijirin

# خانه

# rumah

دودکش
cerobong
پشت بام
atap
ناودان
penurun
پنجره
tetingkap
گاراژ
garaj
زنگ در
loceng pintu
در
pintu
سطل آشغال
tong sampah
صندوق مراسلات
peti surat
باغ
taman

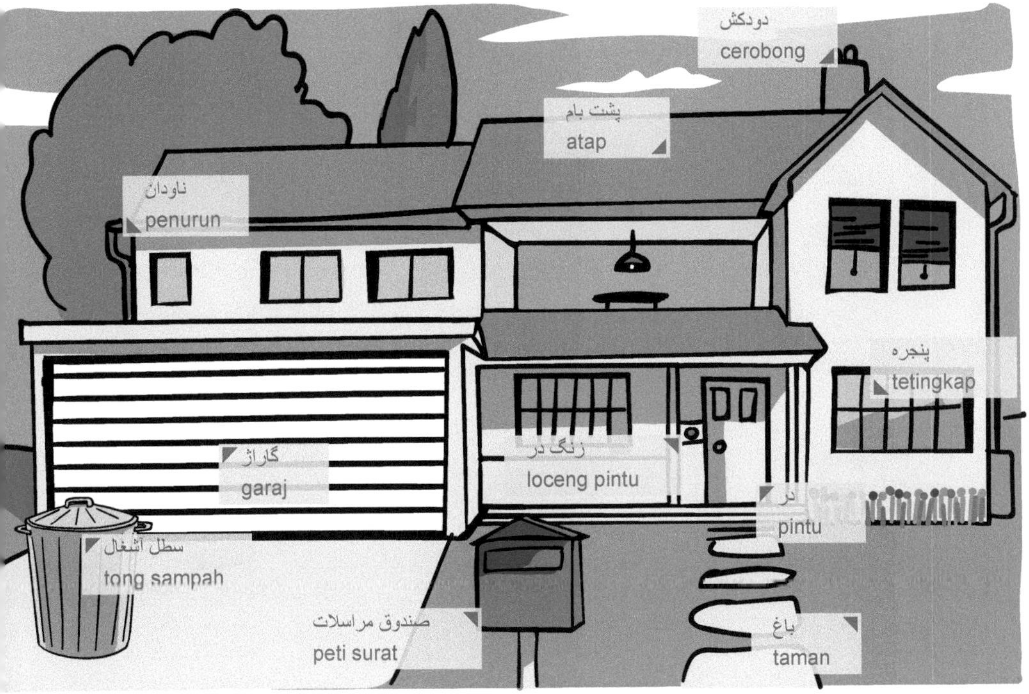

اتاق نشیمن

ruang tamu

حمام

bilik air

آشپزخانه

dapur

اتاق خواب

bilik tidur

اتاق بچه

bilik kanak-kanak

ناهارخوری

ruang makan

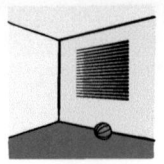

كف زمين

lantai

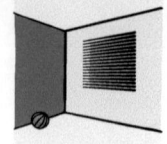

ديوار

dinding

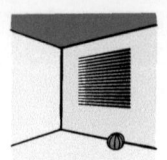

سقف

siling

زيرزمين

bilik bawah tanah

سونا

sauna

بالكن

balkoni

تراس

teres

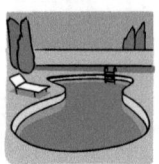

استخر

kolam renang

ماشين چمنزنى

pemotong rumput

ملافه

lembaran

روتختى

penutup tilam

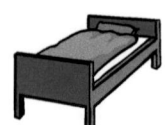

تخت خواب

katil

جارو

penyapu

سطل

timba

سويچ يا كليد

suis

# اتاق نشیمن

# ruang tamu

کاغذ دیواری
kertas dinding
عکس
gambar
لامپ
lampu
قفسه
rak
کابینت
kabinet
تلویزیون
televisyen
شومینه
pendiangan
گل
bunga
کوسن
kusyen
کاناپه
sofa
گلدان
pasu
کنترل تلویزیون و ویدئو و غیره
alat kawalan jauh

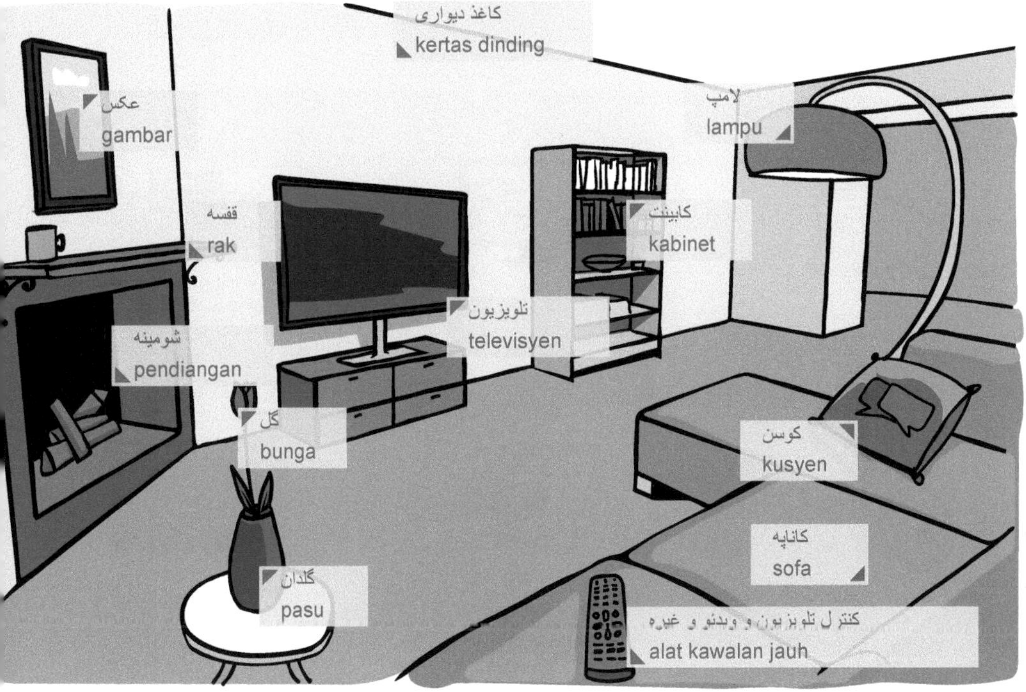

فرش

permaidani

پرده

tirai

میز

meja

صندلی

kerusi

صندلی گهواره ایی

kerusi malas

صندلی راحتی

kerusi

كتاب

buku

لحاف

selimut

دكوراسيون

hiasan

هيزم

kayu api

فيلم

filem

دستگاه ضبط صوت

hi-fi

كليد

kunci

روزنامه

akhbar

تابلو نقاشی

lukisan

پوستر

poster

رادیو

radio

دفترچه یادداشت

buku catatan

جاروبرقی

penyedut habuk

كاكتوس

kaktus

شمع

lilin

# آشپزخانه
# dapur

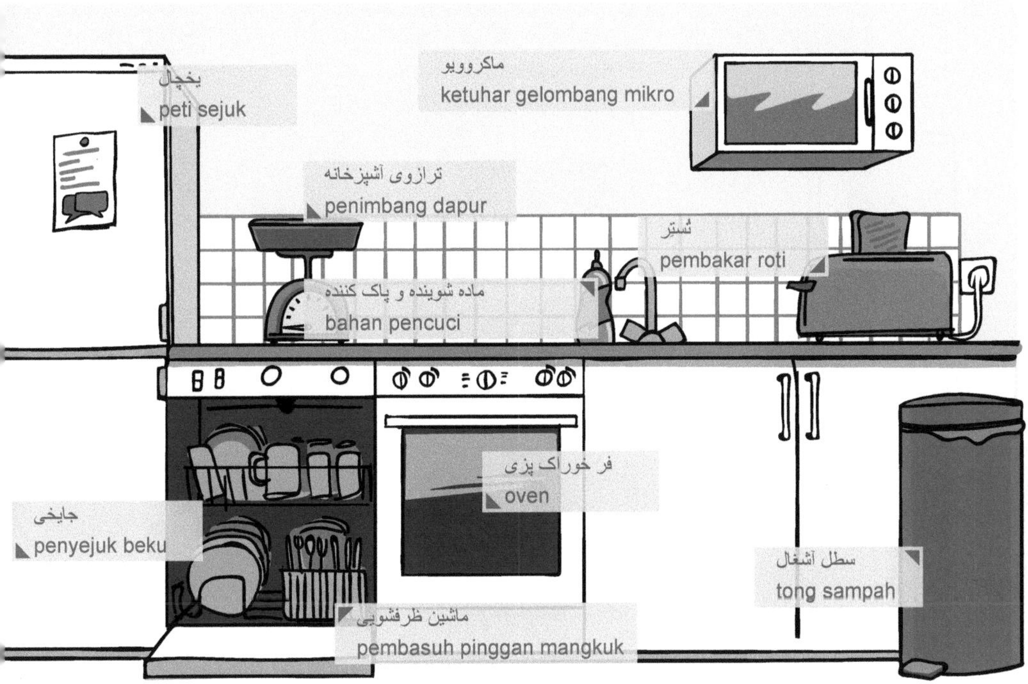

یخچال
peti sejuk
ماکروویو
ketuhar gelombang mikro
penimbang dapur
تُستر
pembakar roti
ماده شوینده و پاک کننده
bahan pencuci
فر خوراک پزی
oven
جایخی
penyejuk beku
سطل آشغال
tong sampah
ماشین ظرفشویی
pembasuh pinggan mangkuk

اجاق گاز

..................

periuk dapur

قابلمه

..................

periuk

قابلمه چدنی

..................

periuk besi

ماهی تابه گود

..................

kuali

ماهی تابه

..................

pan

کتری

..................

cerek

بخارپز

pengukus

سینی فر

dulang pembakar

ظرف چینی آشپزخانه

pinggan mangkuk

لیوان

koleh

کاسه

mangkuk

چاپستیک

penyepit

ملاقه

senduk

کفگیر

spatula

همزن

pengadun

آبکش

penapis

آبکش

ayak

رنده

pemarut

هاون

mortar

باربیکیو

barbeku

محل مخصوص افروختن آتش

pembakaran terbuka

تخته گوشت و سبزی

papan pencincang

وردنه

pin golekan

در بطری بازکن

skru gabus

قوطی

tin

در قوطی بازکن

pembuka tin

دستگیره پارچه ای

pemegang periuk

سینک ظرفشویی

sinki

برس گردگیری

berus

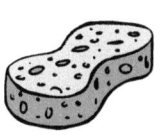

اسفنج

span

مخلوط کن

pengisar

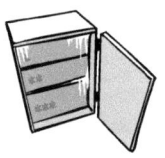

فریزر

penyejuk beku

شیشه شیر بچه

botol bayi

شیر آب

paip

# حمام

## bilik air

بخاری
**pemanasan**

دوش
**mandi**

حوله
**tuala**

پرده ی حمام
**tirai mandi**

حمام کف
**mandi buih**

وان حمام
**tab mandi**

ماشین لباسشویی
**mesin basuh**

لیوان
**gelas**

شیر آب
**paip**

کاشی
**jubin**

لگن دستشویی کودکان
**tandas**

سینک ظرفشویی
**sinki**

توالت
.............
tandas

توالت ایرانی
.............
tandas mencangkung

کاسه توالت
.............
mangkuk tandas

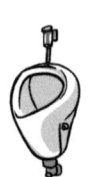

توالت مخصوص آقایان
.............
tandas awam

دستمال توالت
.............
kertas tandas

فرچه توالت
.............
berus tandas

مسواک

berus gigi

خمیردندان

ubat gigi

نخ دندان

flos gigi

شستن

cuci

دوش آب تلفنی

mandian tangan

شلنگ توالت

pancuran

لگن روشویی

besen

برس شست و شوی پشت

belakang berus

صابون

sabun

شامپو بدن

gel mandian

شامپو

syampu

لیف حمام

flanel

راه آب

longkang

کرم

krim

اسپری دئودورانت

deodoran

آیینه

cermin

آیینه ی کوچک دستی

cermin tangan

تیغ ریش تراشی

pisau cukur

کف ریش‌تراشی

busa cukur

افترشیو

selepas cukur

شانه ی سر

sikat

برس

berus

سشوار

pengering rambut

اسپری مو

semburan rambut

آرایش

mekap

رژلب

gincu

لاک ناخن

varnis kuku

پنبه

bulu kapas

قیچی ناخن

gunting kuku

عطر

pewangi

کیف لوازم آرایشی و بهداشتی

beg basuhan

چهارپایه

bangku

ترازو

skala berat

حوله ی پالتویی

jubah mandi

دستکش ظرفشویی

sarung tangan getah

تامپون

kapas

نوار بهداشتی

tuala wanita

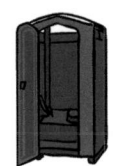

توالت سیار

tandas kimia

# اتاق بچه
# bilik kanak-kanak

ساعت زنگدار
jam loceng
نوعی عروسک نرم به شکل حیوانات
mainan kegemaran
ماشین اسباب بازی
kereta mainan
جغجغه
kerincing bayi
خانه ی عروسکی
rumah anak patung
کادو
hadiah

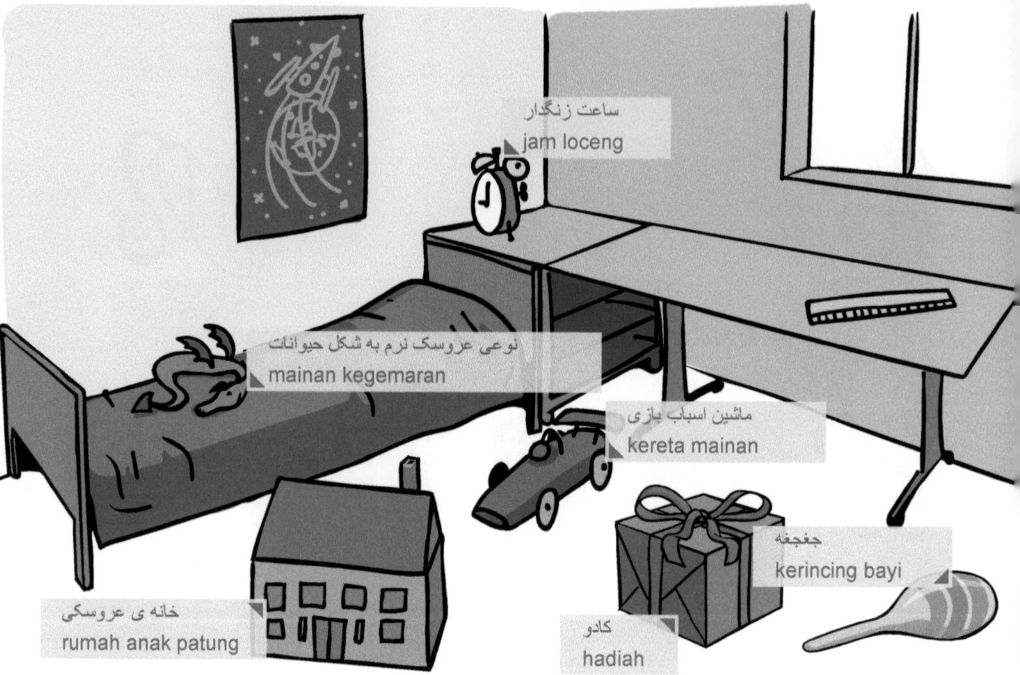

بادکنک

belon

تخت خواب

katil

کالسکه بچه

kereta sorong bayi

بازی ورق

set kad

پازل

susun suai gambar

داستان مصور

komik

اسباب بازی لگو

..................

batu bata lego

خانه سازی

..................

blok mainan

عروسک شخصیت های فیلم و کارتون

..................

figura aksi

لباس نوزاد

..................

baju bayi

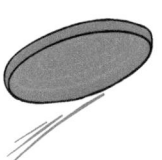

فریزبی

..................

frisbee

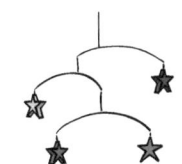

نوعی اسباب بازی که روی تخت نوزاد
یا کودک نصب می شود

..................

mainan bayi mudah alih

بازی روی صفحه

..................

permainan papan

تاس

..................

dadu

قطار اسباب باری

..................

set model kereta api

پستانک

..................

palsu

مهمانی

..................

parti

کتاب مصور

..................

buku bergambar

توپ

..................

bola

عروسک

..................

anak patung

بازی کردن

..................

main

جعبه شنی مخصوص بازی کودکان

lubang pasir

تاب

buai

اسباب بازی

mainan

کنسول بازی های کامپیوتری

konsol permainan video

سه چرخه

basikal roda tiga

خرس عروسکی

anak patung beruang

کمد لباس

almari pakaian

# لباس

# pakaian

جوراب

stoking

جوراب زنانه ساق بلند

stoking

جوراب شلواری

ketat

شال
skarf

چتر
payung

تی شرت
kemeja-t

keselamatan

پوتين
but

دمپایی
selipar

کفش ورزشی کتانی
kasut sukan

| | | |
|---|---|---|
| صندل | کفش | چکمه پلاستیکی |
| sandal | kasut | but getah |
| شرت | سوتين | جلیقه |
| seluar dalam | coli | ves |

بادی

badan

شلوار

Seluar panjang

جین

jean

دامن

skirt

بلوز

blaus

پیراهن

kemeja

پولیور

baju panas sarung

سویی شرت

sweater

نوعی کت

blazer

ژاکت

jaket

کت بلند

kot

بارانی

baju hujan

لباس نمایش

kostum

لباس

pakaian

لباس عروس

baju pengantin

كت و شلوار

sut

لباس خواب زنانه

baju tidur

پیژامه

baju tidur

ساری

sari

روسری

skarf kepala

عمامه

serban

برقع

burqa

قبا

kaftan

عبا

abaya/jubah

لباس شنا

baju renang

شرت شنا

seluar renang

شلوارک

seluar pendek

لباس ورزشی

sut balapan

پیشبند

apron

دستکش

sarung tangan

دكمه

butang

عينک

cermin mata

دستبند

gelang tangan

گردنبند

rantai leher

انگشتر

cincin

گوشواره

subang

كلاه لبه دار

topi

چوب لباسی

penyangkut kot

كلاه

topi

كراوات

tali leher

زيپ

zip

كلاه ايمنى

topi keledar

بند شلوار

pendakap

لباس مدرسه

uniform sekolah

لباس فرم

seragam

پیش بند بچه

lapik dada

پستانک

palsu

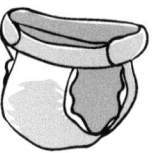

پوشک بچه

lampin

# اداره

# pejabat

سرور
pelayan
کمد نگهداری پرونده
kabinet fail
چاپگر
mesin pencetak
کاغذ
kertas
مانیتور
monitor
ماوس
tetikus
میز تحریر
meja
زونکن
folder
صفحه کلید
papan kekunci
سبد کاغذ باطله
bakul sampah
کامپیوتر
komputer
صندلی
kerusi

لیوان قهوه

cawan kopi

ماشین حساب

kalkulator

اینترنت

internet

لپ تاپ

komputer riba

نامه

surat

پیغام

mesej

تلفن همراه

mudah alih

شبکه ی ارتباطی

rangkaian

دستگاه فتوکپی

mesin fotokopi

نرم افزار

perisian

تلفن

telefon

پریز

soket plag

دستگاه فاکس

mesin faks

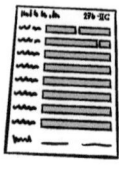

فرم

bentuk

مدرک

dokumen

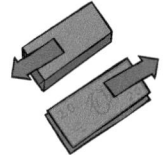

# اقتصاد
# ekonomi

خریدن
beli

پرداخت کردن
bayar

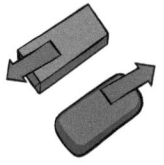

تجارت کردن
berdagang

پول
wang

دلار
dolar

یورو
euro

ین
yen

روبل
rubel

فرانک سوئیس
franc swiss

یوان رنمینبی
renminbi yuan

روپیه
rupee

دستگاه خودپرداز
mata tunai

صرافی

pejabat tukaran mata wang

طلا

emas

نقره

perak

نفت

minyak

انرژی

tenaga

قیمت

harga

قرارداد

kontrak

مالیات

cukai

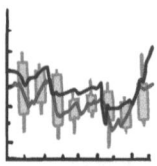

سهام سرمایه

stok

کار کردن

kerja

کارمند

pekerja

کارفرما

majikan

کارخانه

kilang

مغازه

kedai

# مشاغل

# pekerjaan

آتش نشان
ahli bomba
مامور پلیس
pegawai polis
آشپز
tukang masak
دکتر
doktor
خلبان
juruterbang

باغبان

tukang kebun

نجار

tukang kayu

خیاط زنانه

tukang jahit

قاضی

hakim

شیمیدان

ahli kimia

بازیگر

pelakon

راننده اتوبوس

pemandu bas

راننده تاکسی

pemandu teksi

ماهیگیر

nelayan

نظافتچی زن

wanita pencuci

سقف ساز

kasau

پیشخدمت رستوران

pelayan

شکارچی

pemburu

نقاش

pelukis

نانوا

bakeri

برقکار

juruelektrik

کارگر ساختمانی

pembangun

مهندس

jurutera

قصاب

penjual daging

لوله کش

tukang paip

پستچی

posmen

سرباز

askar

معمار

arkitek

صندوقدار

juruwang

گل فروش

kedai bunga

آرایشگر

pendandan rambut

مامور کنترل بلیط در قطار

konduktor

مکانیک

mekanik

ناخدا

kapten

دندانپزشک

doktor gigi

دانشمند

ahli sains

عالم یهودی

tuhanku

امام

imam

راهب

sami

کشیش

paderi

# ابزارآلات

# alat

انبردست
playar
چکش
tukul
پیچ گوشتی
pemutar skru
آچار
sepana
چراغ قوه
obor

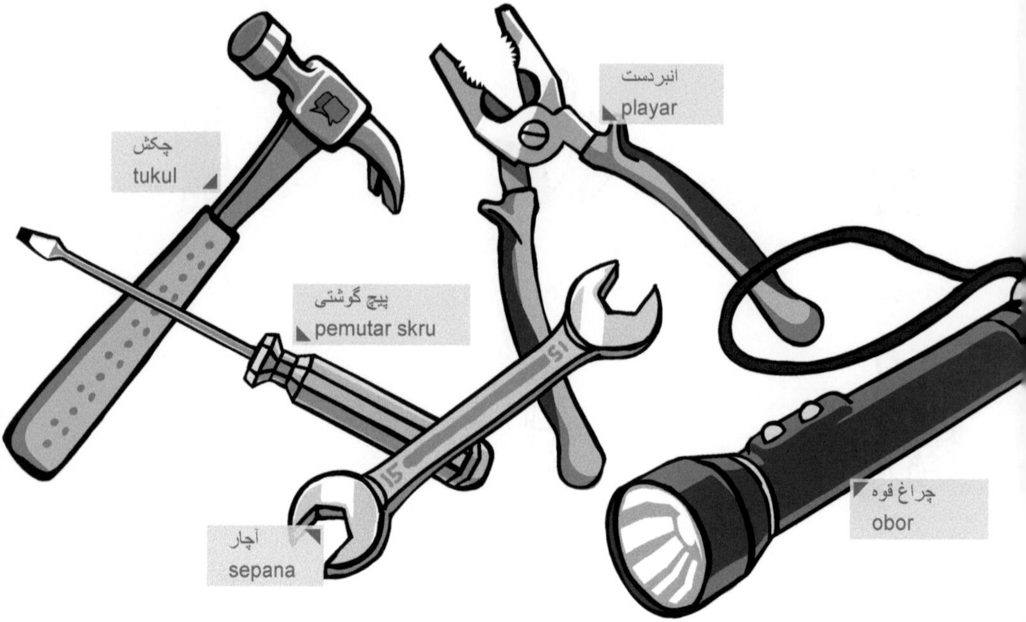

بیل مکانیکی

pengorek

جعبه ابزار

kotak peralatan

نردبان

tangga

ارّه

gergaji

میخ

kuku

مته

gerudi

تعمیر کردن

baiki

بیل

penyodok

لعنتی!

Celaka!

خاک انداز

penadah sampah

سطل رنگرزی

periuk cat

پیچ

skru

## آلات موسیقی

## alat muzik

بلندگو
pembesar suara
perangkat dram
گیتار
gitar
کنترباس
bass berganda
ترومپت
trompet

پیانو

piano

ویولن

biola

گیتار بیس

bass

تیمپانی

timpani

طبل

dram

کیبورد الکتریک

papan kekunci

ساکسیفون

saksofon

فلوت

seruling

میکروفون

mikrofon

# باغ وحش

## ZOO

ورودی
pintu masuk
ببر
harimau
قفس
sangkar
گورخر
zebra
خوراک حیوانات
makanan haiwan
خرس پاندا
panda

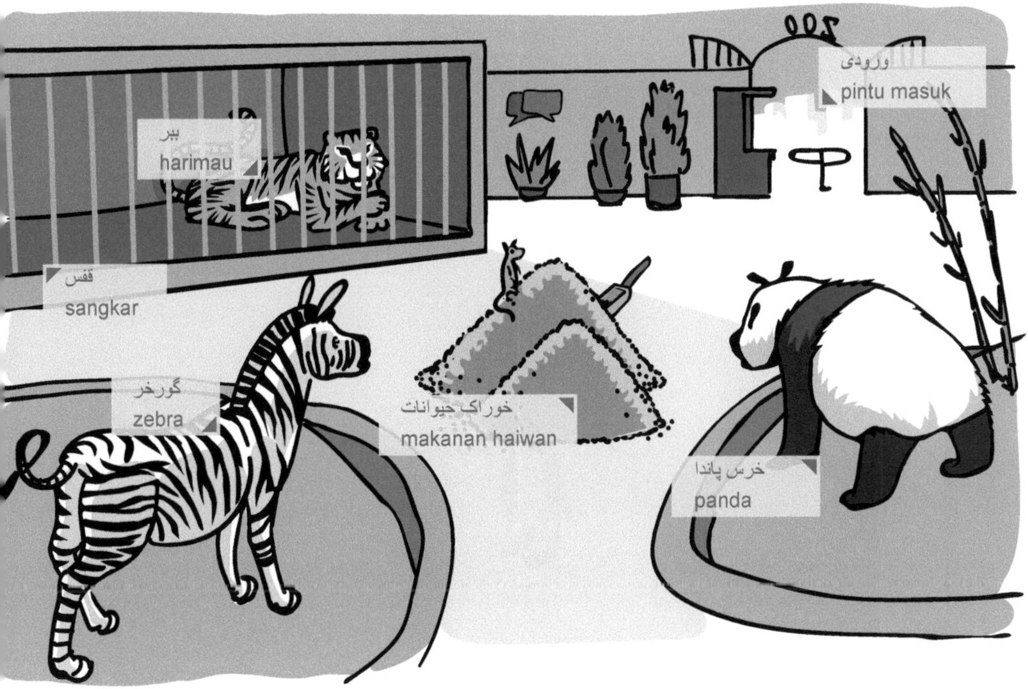

حیوانات

haiwan

فیل

gajah

کانگورو

kanggaru

کرگدن

badak sumbu

گوریل

gorila

خرس

beruang

شتر

unta

شترمرغ

burung unta

شیر

singa

میمون

monyet

فلامینگو

flamingo

طوطی

nuri

خرس قطبی

beruang kutub

پنگوئن

penguin

کوسه

yu

طاووس

merak

مار

ular

تمساح

buaya

نگهبان باغ وحش

penjaga zoo

خوک آبی

anjing laut

پلنگ امریکایی

jaguar

اسب کوچک

kuda

پلنگ

harimau

اسب آبی

badak air

زرافه

zirafah

عقاب

helang

گراز

babi jantan

ماهی

ikan

لاک پشت

penyu

شیرماهی

anjing laut

روباه

musang

غزال

rusa

# ورزش ها

# sukan

فوتبال آمریکایی
bola sepak Amerika
دوچرخه سواری
berbasikal
تنیس
tenis
بسکتبال
bola keranjang
شنا
renang
هاکی روی یخ
hoki ais
بوکس
tinju

فوتبال
.................
bola sepak

بدمینتون
.................
badminton

دووميدانی
.................
olahraga

هندبال
.................
bola baling

اسکی
.................
ski

پولو
.................
polo

# فعاليت ها
# aktiviti

پریدن
lompat
بغل کردن
peluk
خندیدن
ketawa
راه رفتن
berjalan
آواز خواندن
menyanyi
رؤیا دیدن
mimpi
دعا کردن
berdoa
بوسیدن
cium

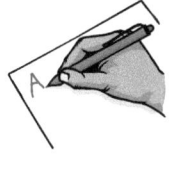

نوشتن
tulis

رسم کردن
lukis

نشان دادن
tunjuk

هل دادن
tolak

دادن
beri

برداشتن
ambil

داشتن

ada

انجام دادن

buat

بودن

ialah

ایستادن

berdiri

دویدن

lari

کشیدن

tarik

پرتاب کردن

buang

افتادن

jatuh

دراز کشیدن

tipu

منتظر بودن

tunggu

حمل کردن

bawa

نشستن

duduk

لباس پوشیدن

pakai

خوابیدن

tidur

بیدار شدن

bangkit

تماشا کردن

lihat pada

گریه کردن

menangis

نوازش کردن

strok

شانه کردن

sikat

حرف زدن

cakap

فهمیدن

faham

پرسیدن

tanya

شنیدن

dengar

آشامیدن

minum

خوردن

makan

مرتب کردن

mengemas

عاشق بودن

sayang

پختن

masak

رانندگی کردن

pandu

پرواز کردن

terbang

قايقرانى كردن

belayar

محاسبه كردن

kira

خواندن

baca

ياد گرفتن

belajar

كار كردن

kerja

ازدواج كردن

nikah

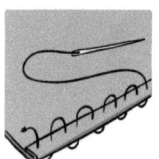

دوختن

jahit

مسواك زدن

memberus gigi

كشتن

bunuh

سيگار كشيدن

asap

فرستادن

hantar

# خانواده
# keluarga

مادربزرگ
nenek
پدربزرگ
datuk
پدر
bapa
مادر
ibu
کودک
bayi
فرزند دختر
anak perempuan
فرزند پسر
anak lelaki

مهمان

tetamu

خاله، عمه

mak cik

دایی، عمو

pak cik

برادر

abang

خواهر

kakak

# بدن

## badan

پیشانی
dahi
چشم
mata
شانه
bahu
انگشت دست
jari
صورت
muka
چانه
dagu
دست
tangan
ساق پا
kaki
سینه
dada
بازو
lengan

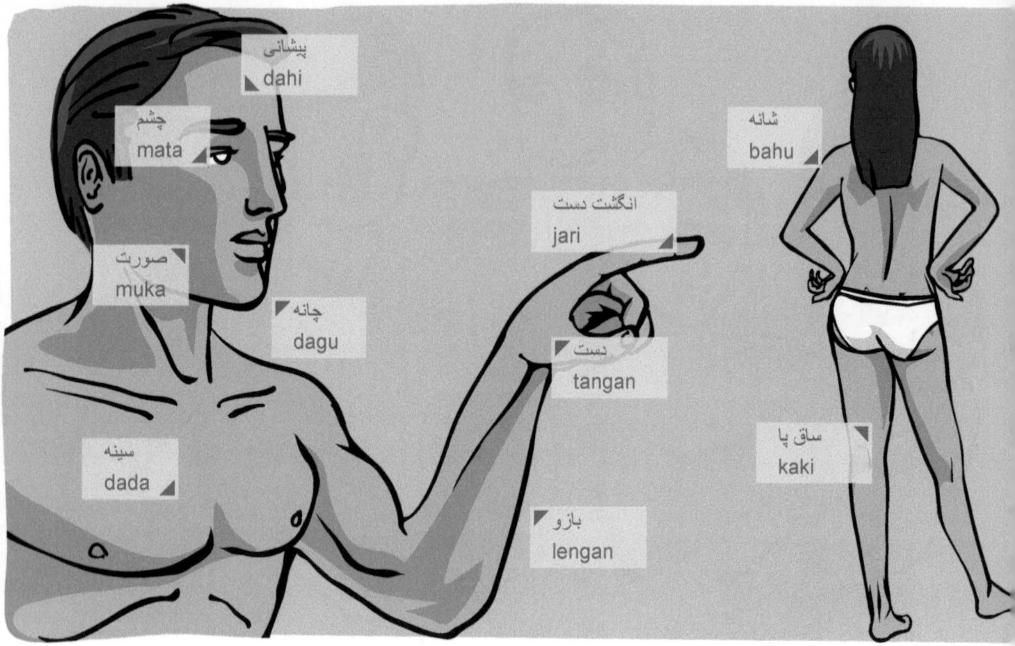

کودک

bayi

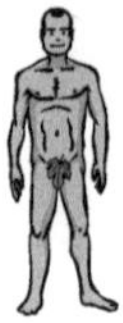

مرد

lelaki

زن

wanita

دختربچه

perempuan

پسربچه

lelaki

کله

kepala

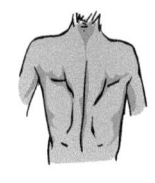

کمر

belakang

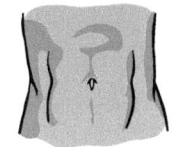

شکم

bawah perut

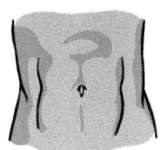

ناف

pusat

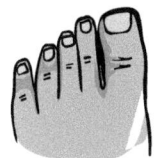

انگشت پا

jari kaki

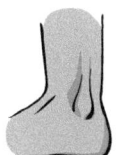

پاشنه

tumit

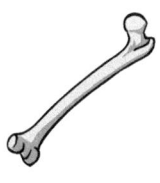

استخوان

tulang

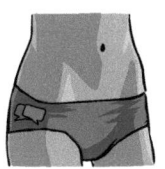

لگن

pinggul

زانو

lutut

آرنج

siku

بینی

hidung

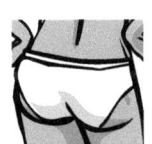

نشیمنگاه

bawah

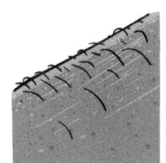

پوست

kulit

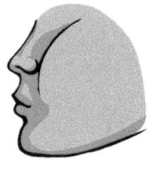

گونه

pipi

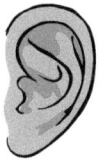

گوش

telinga

لب

bibir

دهان
...........
mulut

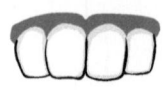

دندان
...........
gigi

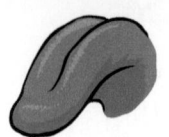

زبان
...........
lidah

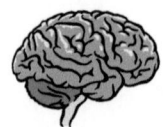

مغز
...........
otak

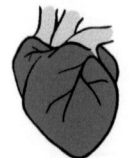

قلب
...........
hati

عضله
...........
otot

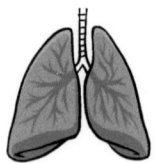

ريه
...........
paru-paru

كبد
...........
hati

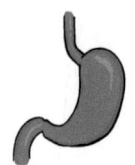

معده
...........
perut

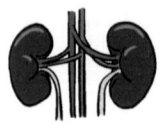

كليه
...........
buah pinggang

آميزش جنسى
...........
seks

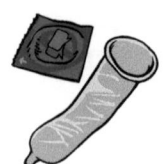

كاندوم
...........
kondom

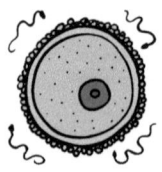

تخمک
...........
faraj

اسپرم
...........
mani

حاملگى
...........
mengandung

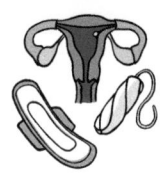

پریود
..................
haid

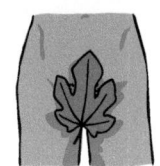

واژن
..................
faraj

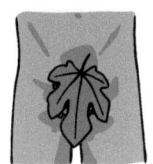

آلت تناسلی مرد
..................
penis

ابرو
..................
kening

مو
..................
rambut

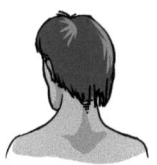

گردن
..................
leher

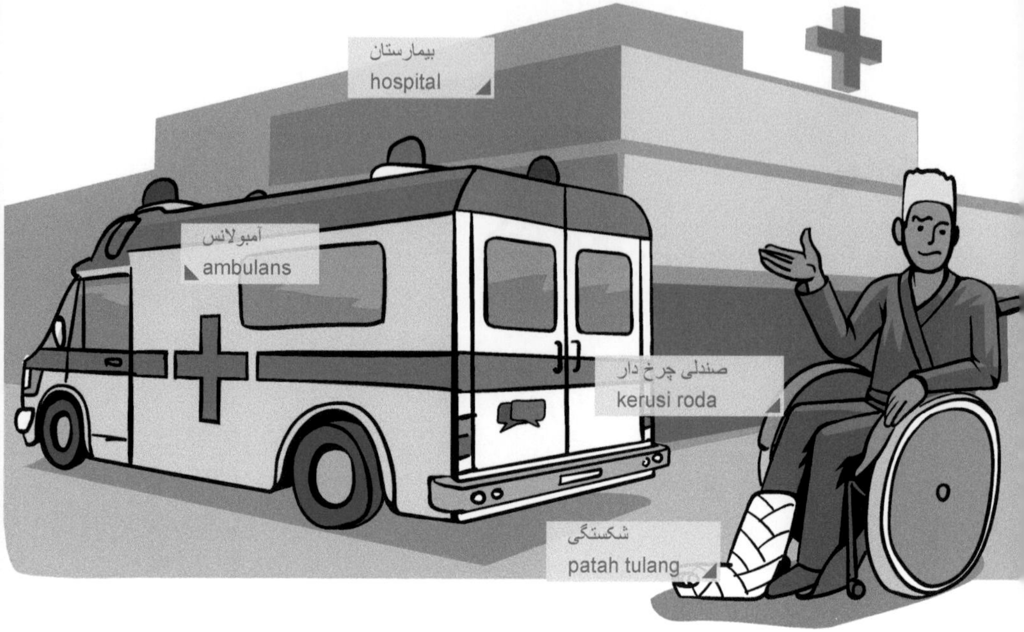

# بیمارستان

# hospital

بیمارستان
hospital
آمبولانس
ambulans
صندلی چرخ دار
kerusi roda
شکستگی
patah tulang


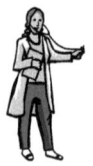

دکتر

doktor

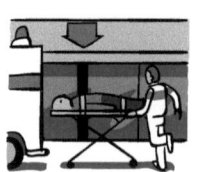

بخش اورژانس

bilik kecemasan

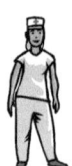

پرستار

jururawat

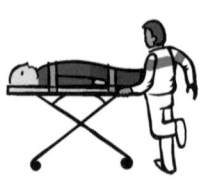

موقعیت اضطراری

kecemasan

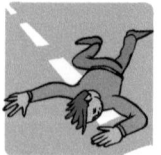

بی هوش

tak sedar

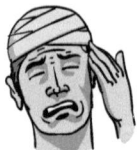

درد

sakit

مصدوميت

kecederaan

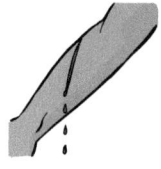

خونريزى

pendarahan

سكته قلبى

serangan jantung

سكته مغزى

strok

آلرژى

alergi

سرفه

batuk

تب

demam

آنفولانزا

selesema

اسهال

cirit-birit

سردرد

sakit kepala

سرطان

kanser

ديابت

diabetes

جراح

pakar bedah

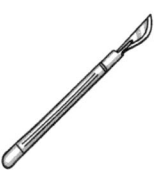

چاقوى جراحى

pisau bedah

عمل جراحى

pembedahan

سی تی اسکن

CT

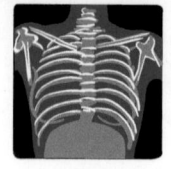

پرتونگاری

x-ray

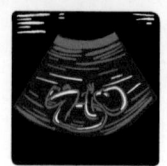

سونوگرافی

ultrabunyi

ماسک صورت

topeng muka

بیماری

penyakit

اتاق انتظار

bilik menunggu

چوب زیر بغل

penongkat

چسب زخم

plaster

پانسمان

pembalut

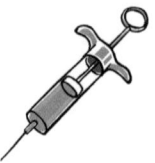

تزریق

suntikan

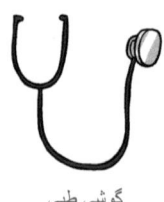

گوشی طبی

stetoskop

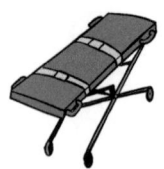

برانکار

pengusung

دماسنج

termometer klinik

زایش

kelahiran

اضافه وزن

berat badan berlebihan

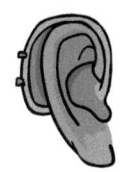

سمعک
.............
alat pendengaran

ماده ضد غفونی کننده
.............
disinfektan

عفونت
.............
jangkitan

ویروس
.............
virus

اچ آی وی / ایدز
.............
HIV / AIDS

دارو
.............
perubatan

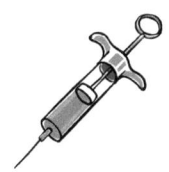

واکسیناسیون
.............
vaksinasi

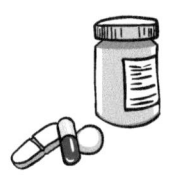

قرص
.............
tablet

قرص ضد حاملگی
.............
pil

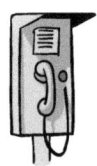

تماس اظطراری
.............
panggilan kecemasan

دستگاه اندازه گیری فشارخون
.............
pantau tekanan darah

مریض / سالم
.............
sakit / sihat

# موقعیت اضطراری

## kecemasan

کمک!

Tolong!

آژیر خطر

penggera

حمله

serang

حمله ی فیزیکی

serangan

خطر

bahaya

خروج اظطراری

pintu kecemasan

آتش

Api!

کپسول آتش‌نشانی

alat pemadam api

تصادف

kemalangan

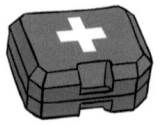

جعبه کمک های اولیه

alat pertolongan cemas

درخواست کمک

SOS

پلیس

polis

# کره زمین

# bumi

اروپا
..................
Eropah

آمریکای شمالی
..................
Amerika Utara

آمریکای جنوبی
..................
Amerika Selatan

آفریقا
..................
Afrika

آسیا
..................
Asia

استرالیا
..................
Australia

اقیا نوس اطلس
..................
Atlantic

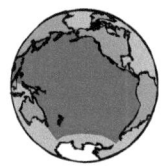

اقیانوس آرام
..................
Pasifik

اقیانوس هند
..................
Lautan Hindi

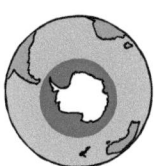

اقیا نوس اطلس جنوبی
..................
Lautan Antartik

اقیانوس منجمد شمالی
..................
Lautan Artik

قطب شمال
..................
Kutub utara

قطب جنوب

Kutub Selatan

قاره قطب جنوب

Antartika

كره زمين

bumi

سرزمين

tanah

دريا

laut

جزيره

pulau

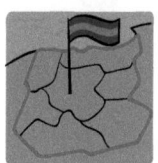

ملت

negara

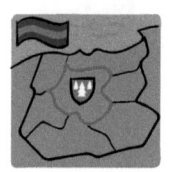

كشور

negeri

# ساعت

# jam

صفحه ی ساعت

muka jam

ساعت شمار

tangan jam

دقیقه شمار

tangan minit

ثانیه شمار

terpakai

ساعت چند است؟

Jam berapa sekarang

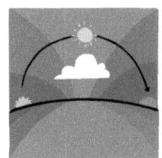

روز

hari

زمان

masa

اکنون

sekarang

ساعت دیجیتال

jam digital

دقیقه

minit

ساعت

jam

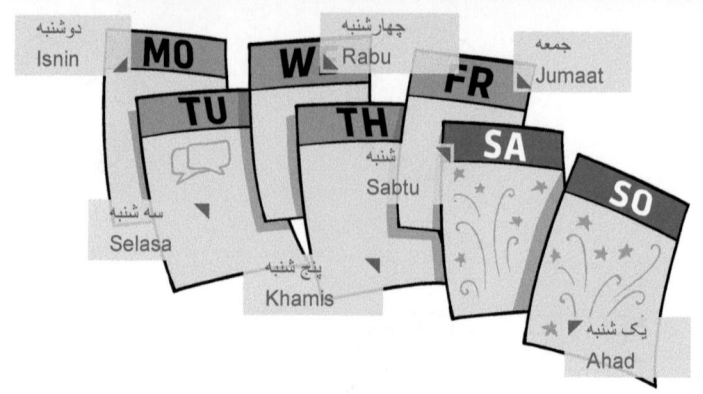

# هفته

## minggu

دوشنبه
Isnin
سه شنبه
Selasa
TU
چهارشنبه
Rabu
پنج شنبه
Khamis
جمعه
Jumaat
شنبه
Sabtu
SA
یک شنبه
Ahad

دیروز

semalam

امروز

hari ini

فردا

esok

صبح

pagi

ظهر

tengah hari

غروب

petang

روزهای کاری

hari kerja

آخر هفته

hari minggu

# سال

# tahun

باران
hujan
رنگین کمان
pelangi
باد
angin
برف
salji
بهار
musim bunga
تابستان
musim panas
پاییز
musim luruh
زمستان
musim salji

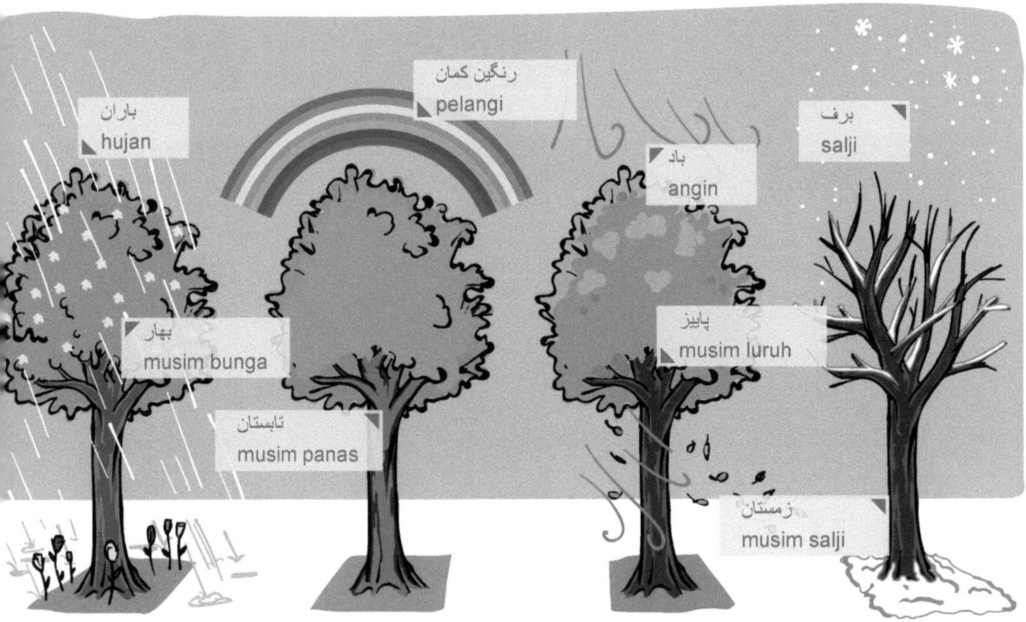

پیش‌بینی اوضاع جوی

ramalan cuaca

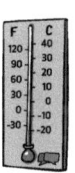

دماسنج

termometer

تابش آفتاب

sinar matahari

ابر

awan

مِه

kabus

رطوبت هوا

lembapan

صاعقه

kilat

آسمان غره

petir

طوفان

ribut

تگرگ

hujan batu

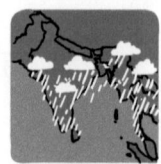

باد موسمی

monsun

سیل

banjir

یخ

ais

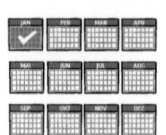

ژانویه

Januari

فوریه

Februari

مارس

Mac

آوریل

April

مه

Mei

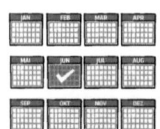

ژوئن

Jun

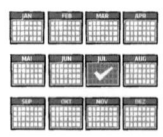

ژوئیه

Julai

آگوست

Ogos

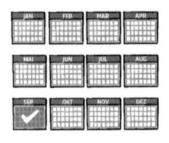

سپتامبر

September

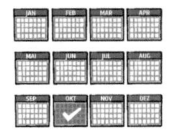

اُکتبر

Oktober

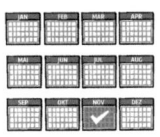

نوامبر

November

دسامبر

Disember

## آشکال

## bentuk

دایره

bulatan

مربع

petak

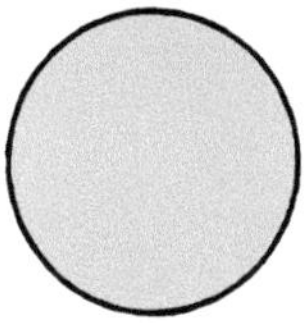

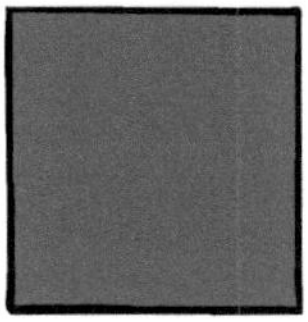

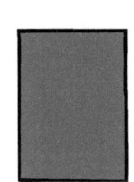

مستطیل

segi empat tepat

سه گوش

segitiga

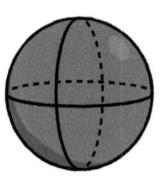

کُره

sfera

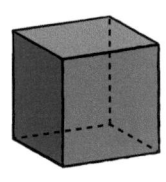

مکعب مربع

kiub

# رنگ ها

## warna

سفید

putih

زرد

kuning

نارنجی

oren

صورتی

merah jambu

قرمز

merah

بنفش

ungu

آبی

biru

سبز

hijau

قهوه ای

coklat

خاکستری

kelabu

سیاه

hitam

# متضاد ها

# berlawanan

خیلی / کم

banyak / sedikit

خشمگین/ آرام

marah / tenang

زیبا / زشت

cantik / hodoh

شروع / پایان

bermula / tamat

بزرگ / کوچک

besar kecil

روشن / تیره

terang / gelap

برادر / خواهر

abang / kakak

تمیز / آلوده

bersih / kotor

کامل / ناقص

lengkap / tidak lengkap

روز / شب

hari / malam

مرده / زنده

mati / hidup

پهن / باریک

luas / sempit

قابل خوردن / غیر قابل خوردن

boleh dimakan / tidak boleh dimakan

غضبناک / مهربان

jahat / baik

هیجان زده / بی حوصله

teruja / bosan

چاق / لاغر

gemuk / kurus

اولین / آخرین

pertama / terakhir

دوست / دشمن

kawan / musuh

پر / خالی

penuh / kosong

سفت / نرم

keras / lembut

سنگین / سبک

berat / ringan

گرسنگی / تشنگی

lapar / dahaga

مریض / سالم

sakit / sihat

غیرقانونی / قانونی

menyalahi undang-undang / undang-undang

باهوش / خنگ

pintar / bodoh

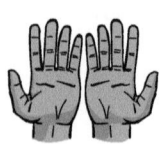

چپ / راست

kiri / kanan

نزدیک / دور

dekat / jauh

نو / استفاده شده

baru / lama

هیچ چیز / چیزی

tiada / sesuatu

پیر / جوان

tua / muda

روشن / خاموش

hidup / mati

باز / بسته

terbuka / tertutup

آهسته / بلند

diam / bising

ثروتمند / فقیر

kaya / miskin

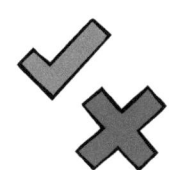

درست / غلط

betul / salah

زبر / صاف

kasar / halus

غمگین / خوشحال

sedih / gembira

کوتاه / بلند

pendek / panjang

کند / تند

lambat / laju

تَر / خشک

basah / kering

گرم / خنک

panas / sejuk

جنگ / صلح

berperang / berdamai

# اعداد

# nombor

| | | |
|---|---|---|
| 0 | 1 | 2 |
| صفر | یک | دو |
| sifar | satu | dua |
| 3 | 4 | 5 |
| سه | چهار | پنج |
| tiga | empat | lima |
| 6 | 7 | 8 |
| شش | هفت | هشت |
| enam | tujuh | lapan |
| 9 | 10 | 11 |
| نه | دَه | یازده |
| sembilan | sepuluh | sebelas |

## 12
دوازده
.................
dua belas

## 13
سیزده
.................
tiga belas

## 14
چهارده
.................
empat belas

## 15
پانزده
.................
lima belas

## 16
شانزده
.................
enam belas

## 17
هفده
.................
tujuh belas

## 18
هجده
.................
lapan belas

## 19
نوزده
.................
Sembilan belas

## 20
بیست
.................
dua puluh

## 100
صد
.................
ratus

## 1.000
هزار
.................
ribu

## 1.000.000
میلیون
.................
juta

# زبان ها

# bahasa-bahasa

انگلیسی

....................

Bahasa Inggeris

انگلیسی آمریکایی

....................

Bahasa Inggeris Amerika

چینی ماندارین

....................

Bahasa Cina Mandarin

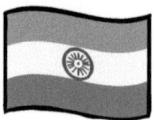

هندی

....................

Bahasa Hindi

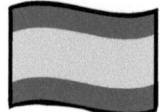

اسپانیایی

....................

Bahasa Sepanyol

فرانسوی

....................

Bahasa Perancis

عربی

....................

Bahasa Arab

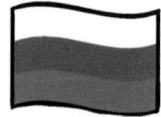

روسی

....................

Bahasa Rusia

پرتغالی

....................

Bahasa Portugis

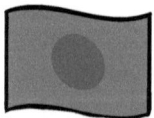

بنگالی

....................

Bahasa Benggali

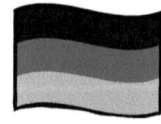

آلمانی

....................

Bahasa Jerman

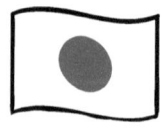

ژاپنی

....................

Bahasa Jepun

# چه کسی / چه چیزی / چگونه

## siapa / apa / bagaimana

من

saya

تو

anda

او

dia / dia / ia

ما

kita

شما

anda

آنها

mereka

چه کسی؟ کی؟

siapa?

چی؟

apa?

چگونه؟

bagaimana?

کجا؟

di mana?

کی؟

bila?

نام

nama

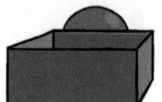

# كجا

# di mana

پشت

belakang

توی

dalam

جلو

di hadapan

بالای

lebih

روی

pada

زیر

di bawah

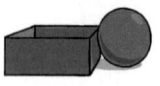

مجاور

bersebelahan

بین

antara

مکان

tempat